Roy Publicae

Inszenierung

Roy Publicae

Inszenierung

hysterische Kampagne

Dictus Publishing

Imprint
Any brand names and product names mentioned in this book are subject to trademark, brand or patent protection and are trademarks or registered trademarks of their respective holders. The use of brand names, product names, common names, trade names, product descriptions etc. even without a particular marking in this work is in no way to be construed to mean that such names may be regarded as unrestricted in respect of trademark and brand protection legislation and could thus be used by anyone.

Cover image: www.ingimage.com

Publisher:
Dictus Publishing
is a trademark of
International Book Market Service Ltd., member of OmniScriptum Publishing Group
17 Meldrum Street, Beau Bassin 71504, Mauritius
Printed at: see last page
ISBN: 978-613-7-35247-2

Inhaltsverzeichnis:

I. Mediennarrativ:

Wer könnte eine Pandemie inszenieren und warum? Teil 1[1]

Es ist schwierig, bei der gegenwärtig angekündigten „Pandemie“ des neuartigen Covid-19-Virus etwas nicht zu bemerken.

[1] Vgl. https://connectiv.events/wer-koennte-eine-pandemie-inszenieren-und-warum/ vom 13. September 2020

Die Medienberichterstattung über dieses Ereignis weist alle Merkmale einer koordinierten hysterischen Kampagne auf, nämlich

– die Verwendung von Emotionen anstelle von Zahlen und Logik (z.B. Videos, die angeblich überfüllte Krankenhäuser und Leichenhallen zeigen, die leicht inszeniert werden können oder aufgrund einer natürlichen Situation, die nichts mit Covid-19 zu tun hat, auftreten)

– die Weigerung, die offensichtlichsten Gegenargumente auch nur zu erwähnen (z.B. werden die Medien die Zahl der durch die Grippe in den letzten Jahren verursachten Todesfälle niemals mit der Zahl der Todesfälle durch Covid-19 vergleichen)

– und die vollständige Zensur aller Meinungen, die nicht mit der allgemeinen Medienerzählung übereinstimmen, selbst wenn sie von anerkannten Experten stammen.

Wir waren Zeugen der Veröffentlichung zahlreicher gefälschter Geschichten, wie z.B. der CNN-Bericht über Leichen, die in Ecuador auf den Straßen zurückgelassen wurden, was später entlarvt wurde. Wir haben häufig hysterische Schlagzeilen gesehen, die durch den Inhalt des Artikels in keiner Weise unterstützt werden.

Und schließlich ist die nationale wie auch die lokale Berichterstattung immer vage und sagt nie, wer genau krank ist oder was sie haben, oder ob sie zu Hause oder in einem Krankenhaus sind, und sie sagen nie, wie sie die Krankheit behandeln.

Die Unbestimmtheit in den Medien ist ein sicheres Zeichen für Lügen.

Die Massenmedien, die in keinem Verhältnis zur Realität stehen, dröhnen weiterhin unheilvoll darüber, dass dies die Neue Normalität ist und dass wir uns genauso gut daran gewöhnen könnten, dass die Welt nie wieder so sein wird wie vor dem Coronavirus.

Dies ist nicht mehr und nicht weniger als die klassische psychologische Kriegsführung.

Warum sollte ein Virusausbruch "psychologische Eingriffe" erfordern, wenn nicht etwas Größeres im Gange ist?

Die Mainstream-Medien bezeichnen wie üblich jeden, der gegen ihre Version der Ereignisse Einwände erhebt, als „Verschwörungstheoretiker“.

Raten Sie mal, wer die Presse in der Hintertasche hat? Bill Gates kauft Medien, um die Nachrichten zu kontrollieren, und Bill Gates spendete 250 Millionen Dollar allein in den ersten sechs Monaten des Jahres 2020 an die Mainstream-Medien.

Zusätzlich zu der üblichen Liste von Skeptikern wie James Corbett oder Del Bigtree haben wir jetzt jedoch viele etablierte Wissenschaftler und Ärzte, die öffentlich die Version der Ereignisse in Frage stellen, die von den Mainstream-Medien und Regierungen präsentiert wird.

Dies sind, um nur einige zu nennen: Dr. Sucharit Bhakdi, emeritierter Professor an der Johannes Gutenberg-Universität Mainz und ehemaliger Leiter des Instituts für Medizinische Mikrobiologie, Dr. Wolfgang Wodarg, Mitglied des PACE, Prof. Dolores Cahill, stellvertretende Vorsitzende des Wissenschaftlichen Ausschusses der IMI, Dr. Peer Eifler aus Österreich, Dr. Claus Köhnlein; Dr. Scott Jensen, Senator von Minnesota, Harvey A. Risch, Professor für Epidemiologie an der Yale School of Public Health.

Jeder einzelne dieser intelligenten, wortgewandten und vertrauenswürdigen Personen mit Spitzenqualifikationen stimmt mit der offiziellen Geschichte nicht überein.

All diese Ärzte beschuldigen Medien, Regierungen und die WHO, die Covid-Pandemie erfunden und ihre Macht missbraucht zu haben. Sie beschuldigen sie, angesichts einer Krankheit, die keine Anzeichen gezeigt hat, schlimmer zu sein als eine typische saisonale Grippe, extreme Maßnahmen zu ergreifen.

Einige dieser Ärzte fügen noch beunruhigendere Anschuldigungen hinzu, nämlich, dass einige Patienten starben, weil die Ärzte ein falsches Behandlungsprotokoll anwandten. Die medizinischen Behörden wurden angewiesen, das „Coronavirus" als Todesursache aufzuführen, selbst wenn keine Analyse des Coronavirus durchgeführt wurde, dass viele Todesfälle dadurch verursacht wurden, dass Menschen mit aktivem Covid-19 in Pflegeheime gesteckt wurden, und schließlich, dass der Bevölkerung ein Medikament vorenthalten wird, das in der Lage ist, Hunderttausende von Leben zu retten.

Die Frage ist… ist diese Kampagne der Angst eine spontane Überreaktion auf ein neues Virus, oder wurde sie von jemandem organisiert, um böswillige Ziele zu erreichen?

Wenn wir zu dem Schluss kommen, dass die Pandemie tatsächlich vorgetäuscht ist, die weltweite Medienkampagne fabriziert, Regierungsbeamte und die WHO bestochen oder genötigt wurden, dann stellen sich weitere Fragen.

Gibt es jemanden, der in der Lage ist, dies durchzuziehen?

Wenn ja, warum haben sie es getan, und wie?

Lange vor dieser „Pandemie“ hörten wir Gerüchte, dass wir eine Zeit der Krise durchleben, aber es scheint, dass niemand die Krise oder ihre Ursache jemals vollständig identifiziert.

Unserer Ansicht nach steht die falsche Pandemie in engem Zusammenhang mit dieser Krise, und ohne ein klares Verständnis der Krise ist es unmöglich, die aktuellen Ereignisse zu verstehen.

Eine kurze Antwort auf die oben gestellten Fragen: Wir leben in einer einzigartigen Zeit, am Ende eines europäischen Kolonialprojekts, das 500 Jahre lang bestand und Europa und die USA zum reichsten und einflussreichsten Teil der Welt und den Neid der meisten seiner Bewohner auslöste.

Vom Ende des Zweiten Weltkriegs bis in die 1960er Jahre wurde dieses Kolonialprojekt allmählich vom Neokolonialismus abgelöst, der fast ausschließlich von den US-Plutokraten kontrolliert wurde.

In den letzten 10-20 Jahren begannen die Systeme des Neokolonialismus aufgrund des wirtschaftlichen Aufstiegs Chinas und auch aufgrund der Degeneration der westlichen Eliten zu zerbrechen.

In den letzten Jahren erhält das, was wir als Freie Welt bezeichnen, seine Lebensweise aufrecht, indem es sich immer tiefer verschuldet.

Diese Situation kann nicht ewig so weitergehen, und sehr bald ist mit einem abrupten Rückgang des Lebensstandards in den USA, im Vereinigten Königreich und in den meisten europäischen Ländern zu rechnen, begleitet von gewaltigen sozialen Umwälzungen.

Die US-Plutokratie hat keine wirtschaftlichen oder militärischen Mittel, um diesen Zusammenbruch aufzuhalten.

Eine kluge Lösung wäre es, die Schuld auf ein natürliches Phänomen wie eine Krankheit zu schieben und dann jedes Maß an Gewalt zu rechtfertigen, das notwendig ist, um die aus der Krise resultierenden Probleme unter Kontrolle zu halten.

Die US-Plutokraten kontrollieren bequemerweise die meisten Medien der Welt und verfügen über ein riesiges Netzwerk von „wohltätigen" Stiftungen und angeschlossenen NGO-Institutionen auf der ganzen Welt.

Dieses Netzwerk wird seit Generationen als Instrument zur Einflussnahme auf Medien, Bildungseinrichtungen, Regierungen und internationale Organisationen, für Social Engineering und ideologische Kontrolle genutzt.

Wir werden nun die obige Kurzthese ausführlicher diskutieren.

Ist eine solche Kampagne überhaupt möglich?

Gibt es da draußen jemanden, der in der Lage ist, eine weltweite Medienkampagne zu organisieren, die von Regierungen und internationalen Organisationen unterstützt wird?

Ja, wir können sicher sein, dass es solche Akteure gibt, denn wir haben ein aktuelles Beispiel für eine solche Medienkampagne, die eindeutig künstlich geschaffen wurde.

Zufälligerweise zielte diese Kampagne auch darauf ab, die Bevölkerung davon zu überzeugen, dass wir in unmittelbarer Gefahr sind und dass es drastischer Maßnahmen bedarf, um uns zu retten.

Ich meine natürlich die Kampagne von Greta Thunberg.

Im Handumdrehen wurde ein 13-jähriges reizloses Mädchen von geheimnisvollen Agenten in eine weltweit bekannte Position erhoben.

Wer auch immer diese Kampagne organisierte, konnte auch dafür sorgen, dass Greta vor den Vereinten Nationen, dem Europäischen Parlament, dem Wirtschaftsforum von Davos usw. sprechen konnte.

Darüber hinaus verlieh ihr Amnesty International eine Auszeichnung. Das macht keinen Sinn, wenn Amnesty International nicht von demselben Zentrum aus geleitet wird, das auch unsere „unabhängigen“ Mainstream-Medien beherrscht.

Erst kürzlich wurde der erste Preis der Gulbenkian Foundation Prize for Humanity, etwa eine Million Euro, an Greta verliehen.

Sie wurde als „eine der bemerkenswertesten Persönlichkeiten unserer Tage“ und als „charismatische und inspirierende Person“ bezeichnet.

Die Kirche von Schweden ging so weit, sie zur Nachfolgerin Jesu Christi zu erklären. Im Ernst!

Auf dem schwedischen Schullehrplan stand auch die Verteidigung von Greta vor Kritikern.

Es wäre, gelinde gesagt, höchst unwahrscheinlich, dass Journalisten auf der ganzen Welt gleichzeitig von diesem kleinen Mädchen und der einfältigen Botschaft, die sie vermitteln sollte, fasziniert waren.

Ebenso unwahrscheinlich ist es, dass die UNO, das Forum von Davos und das Europäische Parlament unabhängig voneinander beschlossen haben, dass ihre Phrasen für sie etwas Interessantes und Wichtiges waren, das sie persönlich hören sollten.

Und ich bin sicher, dass die Menschen bei Amnesty International und der Gulbenkian-Stiftung nicht so verwirrt sind, dass sie aufrichtig an Gretas Großartigkeit glauben.

Zu glauben, dass diese Kampagne ausschließlich durch die Tugenden Gretas verursacht wurde, wäre ebenso naiv wie zu glauben, dass die sowjetische Medienkampagne der 1960er Jahre, die einst das „einfache sowjetische Mädchen" verherrlichte, das ihre Augen dem blinden US-amerikanischen kommunistischen Parteichef Henry Winston schenken wollte, aus aufrichtigem journalistischen Interesse an dieser „Heldin" entstand, anstatt vom Politbüro kommandiert zu werden.

Daraus können wir mit Sicherheit schließen, dass es Kräfte gibt, die in der Lage sind, weltweite Medienkampagnen zu organisieren und die Machtzentren zu beeinflussen.

Es sind Bände über die plutokratische Kontrolle der amerikanischen Medien geschrieben worden, darunter „Manufacturing Consent" von Edward Herman und Noam Chomsky, „The Media Monopoly" von Ben Bagdikian, „Taking the Risk out of Democracy" von Alex Carey, „Media Control" und „Necessary Illusions" von Noam Chomsky.

Bereits 1928 schrieb Edward Bernays, der als der Vater der Öffentlichkeitsarbeit in Amerika gilt:

„In fast jeder Handlung unseres täglichen Lebens, sei es im Bereich der Politik oder der Wirtschaft, in unserem sozialen Verhalten oder in unserem ethischen Denken, werden wir von der relativ kleinen Zahl von Personen beherrscht..., die die mentalen Prozesse und sozialen Muster der Massen beherrschen. Sie sind es, die an den Drähten ziehen, die die öffentliche Meinung kontrollieren“.

Noam Chomsky drückte es etwas unverblümter aus:

„Jeder Diktator würde die Uniformität und den Gehorsam der US-Medien bewundern.“

Man beachte, dass die Kontrolle über die US-Medien erreicht wird, ohne dass man sie direkt besitzen muss.

Herman und Chomsky zitieren Sir George Lewis, wonach der Markt diese Zeitungen fördern würde

„in den Genuss der Bevorzugung des werbenden Publikums zu kommen... Die Inserenten erhielten damit de facto eine

Genehmigungsbefugnis, da die Zeitungen ohne ihre Unterstützung nicht mehr wirtschaftlich lebensfähig waren".

Natürlich können nur große Werbetreibende einen bedeutenden politischen Einfluss auf die Medien ausüben.

Im nächsten Teil unseres Artikels werden wir eine noch wichtigere Quelle der Medienkontrolle beschreiben, die so genannten „wohltätigen" Stiftungen.

In erheblichem Maße werden auch die Mainstream-Medien außerhalb der USA von amerikanischen Plutokraten kontrolliert.

Die Kontrolle wird zu einem großen Teil dadurch erreicht, dass die überwältigende Mehrheit der Zeitungen auf der ganzen Welt ihre internationalen Geschichten von drei Nachrichtenagenturen beziehen.

Zwei der drei großen Nachrichtenagenturen, Reuters und Associated Press, werden direkt von amerikanischen Plutokraten kontrolliert.

Die Rolle der Nachrichtenagenturen wird in dem im Off-Guardian veröffentlichten Artikel „The Propaganda Multiplier" analysiert. In einer speziellen Fallstudie wurde die geopolitische Berichterstattung in neun führenden Tageszeitungen aus Deutschland, Österreich und der Schweiz auf Vielfalt und journalistische Leistung untersucht.

Die Ergebnisse bestätigen eine hohe Abhängigkeit von globalen Nachrichtenagenturen (von 63% bis 90% des Inhalts, ohne Kommentare und Interviews) und das Fehlen eigener investigativer Recherchen.

Direktere Methoden der Kontrolle werden z.B. in dem Buch Journalists for Hire beschrieben: How the CIA Buys the News von Dr. Udo Ulfkotte beschrieben. Dr. Ulfkotte starb 2014 kurz nach der Veröffentlichung seines Buches in relativ jungem Alter an einem Herzinfarkt. Eine englische Übersetzung seines Buches ist bereits seit Jahren bei Amazon als „Currently unavailable" gelistet.

Endlich kann das Buch unter einem neuen Namen erworben werden: Presstitutes Embedded in the Pay of the CIA: Ein Schuldbekenntnis aus dem Berufsstand.

Die unsichtbare Hand des freien Marktes weigert sich, dieses Buch zu seinen Lesern zu bringen. Obwohl Dr. Ulfkotte im Titel seines Buches nur den CIA erwähnt, macht er deutlich, dass auch

„wohltätige" Stiftungen stark in die Kontrolle ausländischer Medien involviert sind.

Am schwersten zu verstehen ist, wie Regierungen auf der ganzen Welt während dieser falschen Pandemie gezwungen waren, das Narrativ der Medien zu akzeptieren.

Zunächst einmal haben die meisten Regierungen keine unabhängige Kapazität zur Bewertung medizinischer Ereignisse und sie haben keine andere Wahl, als den Rat der WHO zu akzeptieren. Darüber hinaus haben die US-Regierung und globalistische medizinische Organisationen ihren Einfluss geltend gemacht.

Einer der sehr wenigen Staatschefs, der es wagte, die Coronavirus-Panik abzulehnen, der belarussische Präsident Lukaschenko, sagte aus, dass ihm vom IWF und von der Weltbank 940 Millionen Dollar angeboten wurden, wenn er „wie in Italien" Quarantäne, Isolation und Ausgangssperre einführen würde.

II. Socialengineering:

Das Netzwerk des plutokratischen Einflusses

Um eine weltweite Kampagne zu organisieren, die das Leben in der ganzen Welt verändert, braucht es eine Kraft, die es verdient, Schattenregierung genannt zu werden.

Theodore Roosevelt, der von 1901 bis 1909 US-Präsident war, hat die Welt darüber informiert:

„Hinter der angeblichen Regierung thront eine unsichtbare Regierung, die keine Loyalität schuldet und keine Verantwortung gegenüber dem Volk anerkennt.

Er nannte diese Schattenregierung „die unheilige Allianz zwischen korrupten Unternehmen und korrupter Politik".

Um eine Schattenregierung von solchem Ausmaß zu führen, braucht man jedoch große, gut finanzierte Institutionen.

Skull & Bones, die Freimaurer oder die Illuminati würden nicht ausreichen. Man bräuchte ein ausgedehntes Netz von Institutionen, die gut bezahlte Fachleute beschäftigen, denen verlässliche Karrierewege angeboten werden.

Die einzige Möglichkeit, ein solch ausgedehntes Netzwerk (das sozusagen für im Wesentlichen ruchlose Zwecke konzipiert wurde) zu betreiben, wäre, es im Blickfeld zu behalten, aber mit einer unschuldig erscheinenden Tarnung zu maskieren.

Die US-Plutokraten haben schon vor langer Zeit die perfekte Tarngeschichte gefunden, die es ihnen erlauben würde, Institutionen der Schattenregierung aufzubauen.

Diese Institutionen sind als „wohltätige" Stiftungen getarnt. Die Stiftungen handeln, indem sie weite Netzwerke von „Denkfabriken" und NGO's auf der ganzen Welt finanzieren, und deshalb ist ihre Macht nicht durch nationale Grenzen eingeschränkt.

Die berüchtigtsten Stiftungen sind, um nur einige wenige zu nennen: Die Rockefeller Foundation, die Ford Foundation, die Open Society Foundation, die Carnegie Foundation und die Bill & Melinda Gates Foundation.

Ein wichtiger Tätigkeitsbereich der Stiftungen ist die Unterstützung der Karrieren unterwürfiger Journalisten, Wissenschaftler und Experten, die von ihnen in wichtige Positionen befördert werden.

Stiftungen helfen notleidenden Journalisten und Akademikern, indem sie ihnen „prestigeträchtige" Preise, Zuschüsse und Forschungsstipendien verleihen.

Obwohl die meisten dieser Fachkräfte den größten Teil ihrer Karriere an Universitäten und in der Regierung verbringen und hauptsächlich mit Steuergeldern unterstützt werden, erhalten sie diese lukrativen und prestigeträchtigen Ernennungen aufgrund ihrer langjährigen Treue zur Stiftungsagenda.

Beispielsweise wird nichts einem kürzlich promovierten Doktor der Politik- oder Sozialwissenschaften zu einer Tenure-Track-Professur besser verhelfen, als ein Stipendium einer Stiftung zu erhalten.

Auf diese Weise setzen Stiftungen ihr Geld wirksam ein, indem sie Fachkräfte, die ihre Treue zu den mit staatlichen Geldern geförderten Stellen bewiesen haben, in einer Größenordnung fördern, die viel höher ist als das Geld, das sie für Preise, Stipendien und Zuschüsse ausgezahlt haben.

Das Ergebnis ist, dass, obwohl nur wenige Menschen gelegentlich rebellieren, die meisten Fachleute im ideologischen Bereich das Spiel verstehen und sich an die Linie halten.

Stiftungen arbeiten oft eng mit dem CIA zusammen, aber es wäre falsch zu sagen, dass die Stiftungen vom CIA kontrolliert werden.

Es ist vielmehr so, dass dieselben Personen, die die Stiftungen kontrollieren, auch die Regierung kontrollieren – einschließlich des CIA.

Beide Systeme sind lediglich Teile eines größeren Systems, das die Führungskräfte frei zwischen den verschiedenen Einrichtungen aufteilt; dies wird oft als „Drehtür" bezeichnet.

Ein Beispiel dafür ist Reuel Marc Gerecht, ein ehemaliger CIA-Offizier, der heute ein hochrangiger Mitarbeiter der „Foundation for Defense of Democracies" ist.

Wie wir bereits erwähnt haben, agieren Stiftungen über Think Tanks und NGOs. Es gibt Hunderte oder Tausende dieser Organisationen.

Wir werden uns hier nicht die Mühe machen, sie zu klassifizieren und aufzuzählen. Wir werden einfach alle Stiftungen zusammen mit

Think Tanks und NGOs das „Plutocratic Influence Network“ (PIN) nennen.

Das Plutocratic Influence Network (Netzwerk für planwirtschaftlichen Einfluss) befasst sich mit der ideologischen Kontrolle, dem Social Engineering und der direkten Unterwanderung von „Diktaturen“, d.h. Regimen, die es den amerikanischen Plutokraten nicht erlauben, ihre Länder auszubeuten.

Plutokratische Medien ziehen es vor, die PIN als „Zivilgesellschaft“ zu bezeichnen, wobei die PIN geschickt als ein loses Netzwerk unabhängiger Bürgerinitiativen und als Grundlage der Demokratie getarnt wird.

Martin S. Indyk, Vizepräsident und Direktor des Foreign Policy Program in Brookings, einer der ältesten und renommiertesten Denkfabriken in Washington, erklärt, was Think Tanks so tun:

„Unser Geschäft ist es, die Politik mit wissenschaftlicher, unabhängiger Forschung auf der Grundlage objektiver Kriterien zu beeinflussen, und um politisch relevant zu sein, müssen wir politische Entscheidungsträger einbinden.

Natürlich bringt „objektive Forschung“ niemals Ergebnisse, die plutokratischen Interessen zuwiderlaufen.

Laut Matt Taibbi:

Das größte Dutzend dieser privat finanzierten „Forschungseinrichtungen“ hat einen immensen Einfluss auf den öffentlichen Diskurs.

Die Heritage Foundation, das American Enterprise Institute und das Cato Institute existieren einzig und allein, um Forschung und Kommentare zu produzieren, die die öffentliche Meinung beeinflussen werden.

„Sie haben schicke Säle, in denen Pressekonferenzen und runde Tische abgehalten werden können, und ihre angeheuerten Helfer – Leute wie Heritage's Cohen und Carnegie's McFaul – warten praktisch rund um die Uhr auf den Anruf von Journalisten. – Das Russland Journal, 15.-21. März 2002

Auch Think Tanks erhalten Geld direkt von Unternehmen und von westlichen Regierungen. Um die Sache noch komplizierter zu machen, gewähren Stiftungen einander und gelegentlich auch privaten Unternehmen Zuschüsse.

Das Ausmaß der Stiftungs- und Think-Tank-Aktivitäten ist enorm. Laut dem politischen Kommentator Wladimir Simonow gab es 2004 mindestens 2.000 russische Nichtregierungsorganisationen, die von US-Zuschüssen und anderen Formen der finanziellen Unterstützung leben".

Viele Millionen Dollar werden ausgegeben, um „einige ‚unabhängige Pressezentren', ‚öffentliche Kommissionen' und ‚Wohltätigkeitsstiftungen' zu fördern" (RIA Novosti 1. Juni 2004).

Die diabolischen Hörner der Stiftungen tauchen an den unerwartetsten Stellen auf. Die Weltgesundheitsorganisation, von der die meisten annehmen, dass sie eine öffentliche Institution ist, wird von der Bill & Melinda Gates Foundation (BMGF) „großzügig" unterstützt.

Auch das Schweizerische Arzneimittelamt Swissmedic (was wie der Inbegriff von Sauberkeit und Neutralität klingt) wird vom BMGF unterstützt.

Es besteht wenig Zweifel, dass wir Stiftungsgelder bei Hunderten von anderen Organisationen finden werden, die wir als neutral vermutet hatten.

Wir können nur ahnen, wie diese Gelder die Bürokraten beeinflussen und damit viel größere Mengen an Steuergeldern unter Stiftungskontrolle stellen werden.

Wie die Erfahrung zeigt, sind Bürokraten und Politiker überraschend leicht zu bestechen. Alles, was es braucht, ist ein wenig zusätzliches Geld für Reisen oder ein paar Konferenzen an schönen Orten.

Oder es könnten kleine Boni zusätzlich zu ihren Gehältern sein, oder eine Gelegenheit, nach der Pensionierung eine gut bezahlte und ehrenhafte Position zu bekommen, oder gute Jobs für Verwandte und Freunde der Funktionäre.

Auch wenn es schwierig ist, in die geheimnisvolle Welt des Netzwerks des plutokratischen Einflusses einzudringen, so treten doch manchmal Ereignisse ein, die uns den Grad der koordinierten Kontrolle innerhalb des Netzwerks zeigen.

Welcher Zusammenhang besteht zwischen Transparency International (TI) und der vorgetäuschten Covid-Pandemie?

Dr. Wolfgang Wodarg, zuvor ein angesehenes Vorstandsmitglied von TI, bestritt öffentlich die Existenz der Pandemie. Als Reaktion darauf enthob Transparency International D. Wolfgang Wodarg aus seinem Vorstand. Die Situation ist absurd.

Dr. Wodarg (der Mediziner ist) hatte seine eigene fachliche Meinung geäußert, die in keiner Weise mit seiner Arbeit bei TI zusammenhing.

Die Zensierung von TI kann nur durch einen Befehl derjenigen erklärt werden, die sie finanzieren und kontrollieren, d.h. desselben Netzwerks für plutokratischen Einfluss, das unserer Meinung nach die gesamte Covid-Kampagne organisiert hat.

Jede ernsthafte Untersuchung des Netzwerks des plutokratischen Einflusses erfordert enorme Geldmittel und politischen Willen.

Der US-Kongress hat nur zweimal versucht, Stiftungen zu untersuchen, das erste Mal zwischen 1913-1915 (die Walsh-Kommission) und dann 1954 (das Reece-Komitee).

Die Walsh-Kommission wurde zur Untersuchung der Arbeitgeber-Arbeitnehmerbeziehungen eingerichtet und berührte Stiftungen nur am Rande.

Ihr Schlussbericht von 1915 weist darauf hin, dass das Ziel einer Stiftung nicht die Wohltätigkeit ist, zumindest nicht in der ursprünglichen Bedeutung dieses Wortes, sondern die ideologische Kontrolle über das Bildungswesen und die Medien:

Die Herrschaft der Männer, in deren Händen die letzte Kontrolle über einen großen Teil der amerikanischen Industrie liegt, beschränkt sich nicht nur auf ihre Angestellten, sondern wird rasch auf die Kontrolle des Bildungswesens und des „sozialen Dienstes" der Nation ausgeweitet.

Diese Kontrolle wird weitgehend ausgeweitet durch die Schaffung riesiger privat verwalteter Fonds für unbestimmte Zwecke, im Folgenden als „Stiftungen" bezeichnet. Dies geschieht durch die Ausstattung von Colleges und Universitäten, durch die Schaffung von Fonds für die Pensionierung von Lehrern, durch Beiträge an private Wohltätigkeitsorganisationen sowie durch die Kontrolle oder Beeinflussung der öffentlichen Presse.

Der Reece-Ausschuss führte eine umfassendere Untersuchung durch, die jedoch nicht zum Abschluss kam, weil sie von mächtigen Kräften im Kongress sabotiert wurde.

Dennoch wurden viele wertvolle Materialien gesammelt, und 1958 veröffentlichte Rene A. Wormser, ein Mitglied des Ausschusses, ein Buch mit dem Titel [„]Foundations: Their Power and Influence“, in dem er die Ergebnisse der Untersuchung beschrieb.

Wir haben hier keinen Platz für eine Rezension dieses Buches und beschränken uns auf einige kurze Zitate.

Wormser stellt einen großen (und verheerenden) Einfluss fest, den die von Stiftungen finanzierte Sozialforschung auf die Regierung hat:

Viele dieser Gelehrten... dienen als „Experten“ und Berater für zahlreiche Regierungsbehörden.

Man kann sagen, dass die Sozialwissenschaftler inzwischen einen vierten großen Zweig der Regierung bilden.

Sie sind die Berater der Regierung, die Planer und Konstrukteure der Regierungstheorie und -praxis.

Sie sind frei von den Kontrollen und Gegenkontrollen, denen die anderen drei Regierungszweige (Legislative, Exekutive und Judikative) unterliegen.

Ihren Einfluss und ihre Stellung in der Regierung haben sie durch die Unterstützung von Stiftungen erlangt.

Darüber hinaus kann ein Großteil dieser Forschung als "Wissenschaftstheorie" klassifiziert werden, d.h. als Pseudowissenschaft, die vorgibt, so objektiv wie die Physik zu sein, in Wirklichkeit aber Ergebnisse liefert, die von den Verantwortlichen gewünscht werden.

Wormser zitiert den Bericht des Carnegie Endowment for International Peace von 1925, in dem seine antidemokratischen Zwangsziele offen dargelegt werden:

„Unter und hinter all diesen Unternehmungen bleibt die Aufgabe, die öffentliche Meinung zu belehren und aufzuklären, damit sie das Handeln von Regierungen und Amtsträgern nicht nur lenken, sondern in Richtung eines konstruktiven Fortschritts zwingen kann.

Das Buch beschreibt auch kurz einen eklatanten Fall von Social Engineering durch die Rockefeller Foundation, als diese die gefälschte Geschlechterforschung von Dr. Kinsey unterstützte.

Die Kinsey-Berichte führten schließlich zu gewaltigen Veränderungen im Privatleben der Amerikaner.

Hier können wir den Schluss ziehen, dass das Plutocratic Influence Network (Netzwerk für plutokratischen Einfluss) geschaffen wurde, um Bildung, öffentliche Meinung und Regierungen zu beeinflussen.

Es kann sogar unsere grundlegendste und privateste Einstellung verändern, indem es sich verdeckter Propaganda und gefälschter sozialer „Forschung“ bedient. Die Plutokraten verfügen über riesige Ressourcen und über viele Tausende ausgebildeter Fachleute, um diese Aufgaben zu erfüllen.

Daher ist es sehr wahrscheinlich, dass sie über die geeigneten Instrumente verfügen, die zur Schaffung einer falschen Pandemie erforderlich sind.

Wir werden im morgen Folgenden über ihre spezifischen Techniken und Ziele sprechen.

III. Kolonialismus:

Wer könnte eine Pandemie inszenieren und warum? Teil 2[2]

Gestern erschien der erste Teil des Beitrages in dem gezeigt wurde, warum eine „Pandemie" inszeniert wurde und wie man eine solche Lüge aufrechterhalten konnte.

[2] Vgl. https://connectiv.events/wer-koennte-eine-pandemie-inszenieren-und-warum-teil-2/ vom 13. September 2020

Welche Krise?

Seit mindestens 2008 hören wir von überall her, dass wir in unruhigen Zeiten leben, dass eine Krise bevorsteht.

Laut WEF-Gründer Klaus Schwab ist "Der große Neuanfang" erforderlich.

Die ganze Weltordnung nähert sich ihrem Ende, und eine neue und unheilvolle Ordnung kommt. Was genau diese Krise ist, bleibt unerklärlich.

Wie bereits in der Einleitung angemerkt, behaupten wir, dass die viel publizierte bevorstehende Krise einfach die Auflösung des europäischen Kolonialprojekts ist, das vor über 500 Jahren begann.

Während dieser Zeit führte die westeuropäische Zivilisation (einschließlich ihrer Erweiterungen, vor allem die USA) die Welt wirtschaftlich und militärisch an und beherrschte die Kunst, Wissenschaft und Ideologie der Welt.

Das Ergebnis dieser Krise wird der Verlust der führenden Stellung Europas und ein rapider Rückgang des Lebensstandards seiner Bevölkerung sein.

Die westliche Propaganda führt den materiellen Wohlstand des Westens natürlich auf Freiheit, Demokratie, freies Unternehmertum, freie Medien und Menschenrechte zurück.

Und nicht zuletzt auf den wichtigen Beitrag des Feminismus und der LGBTQ+-Rechte.

Obwohl heutzutage nur wenige Westler es wagen würden, dies offen auszusprechen, glauben die meisten, dass ihr Wohlstand auch ihrer überlegenen Arbeitsmoral und ihren geistigen Fähigkeiten zu verdanken ist.

Tatsächlich ist das Gegenteil der Fall. Der Wohlstand des Westens beruht weitgehend auf militärischer Macht. Er beruht auf der systematischen Verletzung der grundlegendsten Freiheiten und Menschenrechte in den ausgebeuteten Ländern und auf der systematischen Einmischung in freie Märkte. Der Wohlstand des Westens steht in direktem Zusammenhang mit dem Elend des größten Teils der Welt.

US-Armeestützpunkte auf der ganzen Welt, ständige Kriege, Bombenangriffe und Drohnenangriffe sind für freien Handel und freie Märkte nicht erforderlich.

Es wäre naiv zu glauben, dass die US-Armee benutzt wird, um Freiheit und Menschenrechte für unwissende Eingeborene zu bringen.

Im Gegenteil, Armeen werden eingesetzt, um Ressourcen zu stehlen und eroberte Bevölkerungen als billige Arbeitskräfte auszubeuten.

Für unsere Zwecke können wir die Ära des Kolonialismus in drei Phasen einteilen: den direkten Kolonialismus, den Neokolonialismus und in jüngerer Zeit die Endphase des Neokolonialismus, die auf immer tieferen Verschuldungsstufen beruht.

Der westliche Direkte Kolonialismus der Neuen Welt und das, was später als Dritte Welt bekannt wurde, begann vor mehr als 500 Jahren, aber diese Periode der direkten Herrschaft brach nach dem Ende des Zweiten Weltkriegs allmählich zusammen.

Als der Krieg zwischen Nazi-Deutschland und der UdSSR entfacht wurde, sah es so aus, als sei die anglo-amerikanische Vorherrschaft in der Nachkriegswelt gesichert.

Unglücklicherweise führte der Zweite Weltkrieg für den Westen zum Aufstieg der Sowjetunion zu einer Weltmacht und zur Schaffung eines sozialistischen Chinas (dessen volle Auswirkungen erst in den letzten Jahrzehnten zu spüren waren).

Das amerikanische Establishment hoffte kurzzeitig, dass die Situation durch ihre neuen Atomwaffen gerettet werden könnte. Die 1949 getestete sowjetische Atombombe setzte jedoch ihren Träumen von einer ewigen Weltherrschaft ein jähes Ende.

Wirtschaftlich gesehen wurde jedoch ein voller Sieg errungen. Zu diesem Zeitpunkt erwirtschafteten die USA 50 Prozent der Weltwirtschaftsleistung.

Die meisten technisch hochentwickelten Produkte wurden nur in den USA hergestellt und daher zu Spitzenpreisen verkauft, da es fast keinen Wettbewerb gab. Ihre wichtigsten industriellen Rivalen, Deutschland und Japan, lagen in Trümmern.

Die USA planten, den Wiederaufbau dieser Industrien zu verhindern, um ihre wirtschaftliche Weltherrschaft auf unbestimmte Zeit aufrechtzuerhalten.

Der Morgenthau-Plan war ein Versuch, Deutschlands Fähigkeit, Krieg zu führen, durch die Abschaffung seiner Rüstungsindustrie und seine Wettbewerbsfähigkeit durch die Beschränkung anderer deutscher Schlüsselindustrien zu beseitigen.

Japan lag vor der amerikanischen Marine und den Besatzungstruppen völlig am Boden.

Mit der wirtschaftlichen und maritimen Weltherrschaft der USA begannen Briten, Franzosen und alle anderen Kolonien natürlich unter die De-facto-Kontrolle der USA zu fallen.

Um sie auszubeuten, war eine direkte koloniale Kontrolle im alten Stil nicht mehr erforderlich.

Daher der Dekolonisierungsprozess und der Übergang zum Neokolonialismus.

Bei der Errichtung der formalen Unabhängigkeit der ehemaligen Kolonien war sowjetische Hilfe nur von untergeordneter Bedeutung, außer in China, Korea und später Vietnam.

Militärisch und politisch geriet der Westen schon bald nach dem Zweiten Weltkrieg in einen Sumpf.

Die Sowjetunion wurde plötzlich zu einem starken militärischen Rivalen, der die Kontrolle über Osteuropa eroberte und unmittelbar danach China bei der Selbstbefreiung unterstützte.

Es gab starke kommunistische Parteien in Italien, Frankreich und Griechenland; China begann bald, Druck auf Asien auszuüben, vor allem in Korea und Vietnam.

Um die Sowjetunion und China einzudämmen, brauchten die USA dringend Verbündete. Die einzige Lösung bestand darin, Deutschland und Japan den Wiederaufbau und die Entwicklung ihrer Industrien zu ermöglichen.

Wie sich später herausstellte, enthielt diese Lösung die Saat ihrer eigenen Zerstörung.

Im Laufe der Jahre wurden deutsche und japanische Hersteller schnell zu erfolgreichen Konkurrenten und untergruben allmählich die amerikanische Vormachtstellung.

Amerikas Behandlung Deutschlands und Japans wird uns oft als Inbegriff tugendhafter Großzügigkeit und des seligen Wunsches dargestellt, Demokratie und Wohlstand amerikanischer Prägung mit allen Nationen der Welt zu teilen.

Diese scheinbare Aufgeschlossenheit war jedoch eher die Ausnahme als die Regel. Hätte man diese Länder nicht als Bollwerke gebraucht, um die Ausbreitung des Kommunismus einzudämmen, wären sie deindustrialisiert, rückständig und ausgebeutet worden.

Zu den üblichen Taktiken der Neokolonialisten gehören die Bestechung der einheimischen Eliten, die Versorgung der dortigen Eliten mit Waffen, Krediten, Söldnern, die Ausbildung von Polizei und Sicherheitsdiensten, politische und mediale Unterstützung, Offshore-Häfen für gestohlene Gelder und die allgegenwärtige Bedrohung durch direkte militärische Interventionen.

Diese Methoden werden unter anderem von Chomsky und Perkins ausführlich beschrieben.

Nach dem Zerfall der Sowjetunion und den Reformen in China sah es wieder, wie schon im Zweiten Weltkrieg, so aus, als stünde eine Ära der US-Weltherrschaft bevor. Russland wurde stark geschwächt, sein Reichtum geplündert.

Politisch wurde es von den USA dominiert. China schien nichts weiter zu sein als ein grenzenloses Bangladesch, eine endlose

Quelle billiger Arbeitskräfte, ein Kontrollverlust der Kommunistischen Partei nur eine Frage der Zeit.

Zwischen den USA und der totalen Weltherrschaft stand nur ein Hindernis – die russischen strategischen Atomstreitkräfte.

Es wurde jedoch erwartet, dass Russland sie nicht lange aufrechterhalten könnte. Die amerikanische Auslandsverschuldung, die während der Reagan-Ära durch die wachsenden Deutschen und die japanische Konkurrenz so schnell angestiegen war, hörte unter Clinton auf zu wachsen. Alles sah rosig aus. Selbst die Militärausgaben wurden unter Clinton etwas reduziert. Es war das „Ende der Geschichte", proklamierten sie.

Und dann verwandelte sich der Sieg unerwartet in eine vernichtende Niederlage. Putin rang den westfreundlichen Oligarchen die Kontrolle über Russland ab und begann, seine Wirtschaft, seine Unabhängigkeit und seine Armee wiederherzustellen.

Es folgten unerwartete Siege über die von den Amerikanern unterstützten und bewaffneten georgischen Streitkräfte in Südossetien, dann auf der Krim, am Donbass und in Syrien.

Russische Militärfirmen tauchten in Libyen und anderen afrikanischen Ländern auf.

China ist zu einem noch größeren Problem geworden. Die Chinesen haben den Westen in großem Stil ausgetrickst. Die Kommunistische Partei behielt die Kontrolle. Sie zogen westliche Firmen mit billigen Arbeitskräften, guter Organisation und Infrastruktur an.

Und dann schuf die Partei die Voraussetzungen dafür, zunächst westliche Technologien zu kopieren und zu beherrschen und später ihre eigenen fortschrittlichen Technologien zu entwickeln.

Anders als Bangladesch ließ sie nicht zu, dass hart verdiente Dollars für den Konsum der Oberschicht verschleudert wurden. Sie gaben sie für Bildung, Forschung, Infrastruktur und den Aufbau ihrer eigenen industriellen Macht aus.

Mit seiner wachsenden Wirtschaftskraft war China in der Lage, das zu tun, wozu die Sowjetunion nie in der Lage war – den Westen wirtschaftlich in der Dritten Welt, die den größten Teil Asiens, Afrikas und Lateinamerikas umfasste, zu verdrängen.

Mit dem Verlust seines herausragenden Platzes an der Spitze der globalen Wirtschaftspyramide nahm Amerikas

Auslandsverschuldung wieder zu und hat nun wirklich unhaltbare Dimensionen erreicht.

Ähnliche Schuldenkrisen haben sich in Großbritannien, Spanien, Italien und anderen Ländern ereignet, die huckepack auf den amerikanischen Neokolonialismus aufgesprungen sind.

Diese Krise hängt nicht von der Inkompetenz von Trump oder der Cleverness von Putin oder Xi ab, sie ist völlig objektiv.

Nach den anfänglichen Rückschlägen setzte die US-Regierung noch eine Zeit lang ihre Hoffnung auf das Militär. Nach 2001 wuchs der Haushalt des Pentagons wieder an und begann neue Kriege in der ganzen Welt.

Diese Kriege brachten jedoch nicht den gewünschten wirtschaftlichen Nutzen. Ganz im Gegenteil. Allmählich begannen die amerikanischen Generäle die Grenzen der amerikanischen Militärmacht zu erkennen.

Sie erkannten, dass sie Russland und China nicht unter realistischen Szenarien bekämpfen können. Wir haben hier keinen Platz für eine detailliertere Analyse dieser interessanten und wichtigen Frage.

Wir haben nur eine Arbeit gefunden, die versucht, das „reale“ BIP der westlichen Länder zu quantifizieren – eine, die das massive Außenhandelsdefizit berücksichtigt. Die Awara-Studie über das reale BIP-Wachstum ohne Verschuldung kam zu diesem Schluss:

Das reale, schuldenbereinigte BIP-Wachstum der westlichen Länder liegt seit Jahren im negativen Bereich.

Nur durch die massive Aufladung mit Schulden konnten sie das wahre Bild verschleiern und den Beginn eines unvermeidlichen Zusammenbruchs ihrer jeweiligen Volkswirtschaften hinauszögern.

Die Studie zeigt, dass sich hinter dem realen BIP dieser Länder nach der Saldierung der Verschuldungszahlen erhebliche Verluste verbergen, was das Real-BIP-Schuldennetto ergibt.

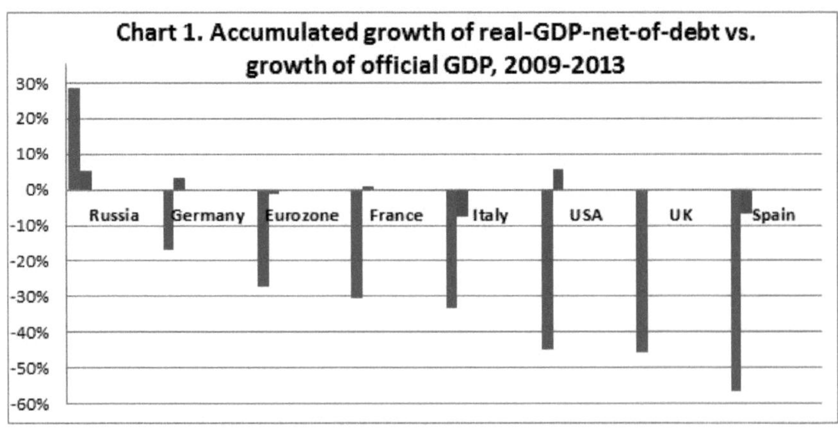

Diese Studie behauptet, dass von 2009 bis 2013 das reale Bruttoinlandsprodukt (GDP-net-of-debt) in den USA und im Vereinigten Königreich um etwa 45% zurückging; in Spanien sank es um 55%, in Italien um 35%, in Frankreich um 30% und in Deutschland um 18%.

Obwohl wir diese Zahlen nicht für exakt halten, glauben wir, dass sie die Realität doch ziemlich genau widerspiegeln.

Auch wenn der Westen bereits eine Krise spürt, ist es für die Mehrheit der westlichen Bevölkerung immer noch sehr schwierig, die kommende Krise zu erkennen.

Vielleicht zögern sie, zuzugeben, dass sie jemals die Nutznießer des brutalen kolonialen Diebstahls waren oder dass die Trittbrettfahrerei ein Ende gefunden hat.

Kurzsichtig konzentrieren sie sich darauf, China die Schuld dafür zu geben, dass es ihnen ihre Industriearbeitsplätze weggenommen hat, ohne auch nur einen Augenblick an ihrem Recht auf billige chinesische Produkte zu zweifeln.

Sie begreifen immer noch nicht, dass die Waren, die derzeit in China von billigen Arbeitskräften hergestellt werden, für die meisten

Europäer unerschwinglich werden, wenn westliche Arbeitsplätze zurückkehren.

IV. Plutokratie:

Warum sollten sie das tun?

Nehmen wir an, wie wir oben gezeigt haben, dass die herrschenden Plutokraten in der Lage sind, eine vorgetäuschte weltweite Pandemie zu organisieren. Warum sollten sie so etwas tun wollen? Wie würden sie davon profitieren? Lassen Sie uns mögliche Motive betrachten.

Nichts ist neu unter der Sonne, und das Regime in Washington hat in der Vergangenheit vorgetäuschte Krisen benutzt, um seine Ziele zu erreichen. Laut H.L. Mencken:

„Das ganze Ziel praktischer Politik ist es, die Bevölkerung alarmiert zu halten (und daher lautstark in Sicherheit zu führen), indem man sie mit einer endlosen Reihe von imaginären Schreckgespenstern bedroht.

Ein Grund für eine „Pandemie" könnte darin bestehen, Nutzen aus der weit verbreiteten wirtschaftlichen Zerrüttung zu ziehen, die sich aus der Abschottung ergibt.

Es ist sehr wahrscheinlich, dass die großen Unternehmen in der Lage sein werden, ihre kleineren Konkurrenten zu schlucken, die von den lokalen Behörden oft gezwungen wurden, ihre Betriebe zu schließen.

US-Administratoren und die der Europäischen Union kündigten riesige Covid19 –Hilfsma[ß]nahmen im Umfang von vielen hundert Milliarden Dollar bzw. Euro an.

Wer wird von diesem Glücksfall profitieren? Höchstwahrscheinlich einige gut vernetzte große Akteure.

Das Magazin Business Insider berichtete im Juni 2020, dass „die amerikanischen Milliardäre heute fast 20% reicher sind als zu Beginn der Coronavirus-Pandemie, so ein neuer Bericht des Institute for Policy Studies“.

Die Pharmaunternehmen werden sicherlich an den Gewinnen aus Impfungen interessiert sein. Aber sind sie mächtig genug, um das Ganze durchzuziehen? Wahrscheinlich nicht.

Die Atomisierung der Gesellschaft, das Aufbrechen der gemeinschaftlichen Solidarität, die Untergrabung aller nicht-monetären Verbindungen zwischen den Menschen, die Zerstörung der Familienbeziehungen und die Schwächung der Blutsbande ist ein seit langem bestehendes plutokratisches Projekt.

Nun sind die Plutokraten mit dieser vorgetäuschten Pandemie sogar noch weiter gegangen, jetzt lehren sie uns, einander nicht als Freund, nicht als Bruder, nicht einmal als Profitquelle zu sehen, sondern vor allem als eine Quelle tödlicher Infektionen.

Diese Botschaft wird nicht nur verbal durch die Massenmedien vermittelt; wir sind physisch gezwungen, Abstand zu halten, wir schämen uns, unserem Nachbarn den Handschlag zu verweigern, und wir werden mit Geldstrafen bedroht, wenn wir ohne Maske gesehen werden.

Der physische Aspekt des Social Engineering ist wirksamer als eine einfache verbale Gehirnwäsche und macht die sozialen Veränderungen dauerhafter.

Körperliche Zurückhaltung schafft soziale Gewohnheiten, die in Zukunft schwer zu überwinden sein werden.

Während alle oben genannten Gründe gültig sein mögen, ist der Hauptgrund unserer Meinung nach die oben beschriebene drohende Krise des Westens.

Das Paradigma der westlichen Gesellschaft basiert auf einem ständig wachsenden Konsum. Die Menschen im Westen verstehen nicht, dass es möglich ist, mit weniger zu leben und glücklich zu sein.

Es ist zu erwarten, dass der bevorstehende drastische Rückgang des Konsums zu einem dauerhaften Zusammenbruch der westlichen Gesellschaft führen wird. Wir sehen bereits jetzt weit verbreitete Unruhen in amerikanischen Städten.

Mit der weithin akzeptierten Tarngeschichte der „globalen Pandemie“ wollen die herrschenden Plutokraten ihre früheren Misserfolge vertuschen und weiterhin unter einem künstlich geschaffenen Ausnahmezustand regieren.

V. Ausnahmezustandsregelung:

Schlussfolgerung

Wir haben unsere Analyse der aktuellen „Covid-19-Pandemie“ vorgestellt. Wenn sie tatsächlich vorsätzlich geplant wurde, könnte sie als Verbrechen gegen die Menschlichkeit betrachtet werden.

Noch bedrohlicher ist, dass es Anzeichen dafür gibt, dass die globale Abriegelung nur der erste Vorgeschmack auf eine mögliche mittelfristige Ausnahmezustandsregelung ist.

Bill Gates selbst hat uns am 23. Juni in einem Video, das derzeit auf der Website der US-Handelskammerstiftung zu sehen ist, offen versprochen, dass es ein „nächstes Mal“ geben wird und das wird dieses Mal [„]Aufmerksamkeit erregen“.

Eine der wichtigsten Überlegungen bei der Untersuchung eines vermuteten Verbrechens ist die Suche nach einem Motiv.

Cui bono – wer profitiert davon?

Wir haben ein mögliches Motiv für die Ereignisse beschrieben und gezeigt, dass die Verdächtigen über Instrumente verfügen, die die Herstellung einer globalen „Pandemie“ möglich machen.

Printed by Books on Demand GmbH, Norderstedt / Germany